CONSEIL GÉNÉRAL DE LA GUADELOUPE

SESSION EXTRAORDINAIRE 1885

PROJET DE DÉCRET

RÉGLEMENTANT

LE SERVICE DE L'IMMIGRATION

A LA GUADELOUPE

POINTE-A-PITRE

IMPRIMERIE DU COURRIER DE LA GUADELOUPE

—

1885

Imprimerie du Courrier de la Guadeloupe, rue d'Arbaud, 61

ANNEXE

AU RAPPORT DE LA COMMISSION DE L'IMMIGRATION

PROJET DE DÉCRET RÉGLEMENTANT LE SERVICE DE
L'IMMIGRATION A LA GUADELOUPE

Le président de la République française,

Sur le rapport du ministre de la marine et des colonies,

Vu les décrets des 13 février et 27 mars 1852, concernant l'immigration et le régime du travail des colonies ;

Vu le sénatus consulte du 3 mai 1854 qui règle la constitution des colonies de la Martinique, de la Guadeloupe et de la Réunion.

Vu la convention conclue le 1ᵉʳ juillet 1861, entre la France et la Grande-Bretagne, pour régler l'immigration des travailleurs indiens dans les colonies françaises ;

Vu le sénatus consulte du 4 juillet 1866 portant modification du sénatus du 3 mai 1854 ;

Vu le décret du 11 août 1866 déterminant le mode d'approbation des délibérations prises pour les Conseils généraux des colonies de la Martinique, de la Guadeloupe et de la Réunion.

Vu les délibérations du Conseil général de la Guadeloupe du 27 décembre 1881 et du   1885 ;

Le Conseil d'Etat entendu,

Décrète :

CHAPITRE PREMIER

*Du service de l'immigration, de son organisation,
de ses attributions.*

Article premier. — L'administration des immigrants est confiée, sous l'autorité du directeur de l'intérieur, à un service spécial dit *Service de l'immigration*.

Art. 2. — Le personnel de ce service se compose des agents ci après désignés :

———

Imprimerie du Courrier de la Guadeloupe, rue d'Arbaud, 61

———

ANNEXE

AU RAPPORT DE LA COMMISSION DE L'IMMIGRATION

PROJET DE DÉCRET RÉGLEMENTANT LE SERVICE DE
L'IMMIGRATION A LA GUADELOUPE

Le président de la République française,
Sur le rapport du ministre de la marine et des colonies,
Vu les décrets des 13 février et 27 mars 1852, concernant l'immigration et le régime du travail des colonies ;
Vu le sénatus consulte du 3 mai 1854 qui règle la constitution des colonies de la Martinique, de la Guadeloupe et de la Réunion.
Vu la convention conclue le 1er juillet 1861, entre la France et la Grande-Bretagne, pour régler l'immigration des travailleurs indiens dans les colonies françaises ;
Vu le sénatus consulte du 4 juillet 1866 portant modification du sénatus du 3 mai 1854 ;
Vu le décret du 11 août 1866 déterminant le mode d'approbation des délibérations prises pour les Conseils généraux des colonies de la Martinique, de la Guadeloupe et de la Réunion.
Vu les délibérations du Conseil général de la Guadeloupe du 27 décembre 1881 et du   1885 ;
Le Conseil d'Etat entendu,
Décrète :

CHAPITRE PREMIER

*Du service de l'immigration, de son organisation,
de ses attributions.*

Article premier. — L'administration des immigrants est confiée, sous l'autorité du directeur de l'intérieur, à un service spécial dit *Service de l'immigration.*
Art. 2. — Le personnel de ce service se compose des agents ci après désignés :

Traitement, y compris les frais
de logement et de tournée.

1 protecteur, chef de service.... Fr. 12.000 00

2 chefs d'arrondissement........... } 9.000 00 / 8.000 00

1 chef de bureau.................. 6.000 00

1 sous chef de bureau.............. 4.000 00

Des syndics de 1re classe à......... 5.000 00

Des syndics de 2e classe à.......... 4.000 00

Des commis interprètes, écrivains et agents divers dont le nombre, ainsi que celui des syndics, est déterminé d'après l'importance des crédits votés par le Conseil général.

L'assimilation de ces fonctionnaires et agents est fixée d'après le tableau annexé au décret du 21 mai 1881.

Art. 3. — Le protecteur, les chefs d'arrondissement et les syndics sont les agents actifs du service. Ils sont chargés de poursuivre l'application des décrets, arrêtés et règlements relatifs à l'immigration ;

Ils veillent à ce que les obligations réciproques des engagistes et des engagés soient observées, et ils concilient, s'il est possible, leurs différends ;

Ils reçoivent et instruisent leurs plaintes ;

Ils se font rendre compte de la situation des immigrants sur les diverses propriétés ;

Ils s'assurent que les soins, prestations et salaires qui leur sont dus leur sont régulièrement fournis, et ils informent l'administration, par des rapports transmis hiérarchiquement, de tous les faits quelconques qui peuvent être de nature à donner lieu à son intervention, soit dans l'intérêt des engagés, soit dans celui des engagistes ;

Ils dirigent les immigrants dans les versements qu'ils ont à faire à la caisse d'épargne ou au trésor ;

Ils ne peuvent exercer par eux-mêmes aucune action de police administrative ou judiciaire sur les engagés.

Le gouverneur peut ordonner, par une décision spéciale, que les agents de l'immigration seront accompagnés, dans leurs tournées, par un médecin qu'il désignera.

Art. 4. — Le protecteur réside à la Basse-Terre ;

Il est chargé de la surveillance générale et de la direction du service ;

Il pourvoit, par lui-même ou par les agents placés sous ses ordres, à l'exécution de toutes les mesures qui se rattachent au fonctionnement de l'immigration;

Il surveille la confection et l'entretien des matricules générales et particulières;

Il surveille, en ce qui concerne son service, l'exécution de toutes décisions ayant pour objet la défense des intérêts civils des immigrants;

Il pourvoit aux notifications à faire à l'agent consulaire britannique, conformément à l'article 19 de la convention du 1er juillet 1861;

Il provoque ou prend d'office, en cas d'urgence, les mesures ressortissant aux attributions des autres agents du service;

Il est tenu de visiter régulièrement chacune des exploitations de la colonie auxquelles sont attachés des immigrants, et de se transporter, selon l'exigence des cas, sur toutes celles où sa présence serait nécessaire;

Il rend compte au directeur de l'intérieur du résultat de ses tournées générales ou partielles;

Il adresse tous les ans à l'administration un rapport sur la situation générale du service.

Art. 5. — Les chefs d'arrondissement sont placés chacun au chef-lieu de l'un des deux arrondissements de la Basse-Terre et de la Pointe-à-Pitre.

L'arrondissement de Marie-Galante est rattaché, pour le service des inspections, à celui de la Pointe-à-Pitre.

Les arrondissements de Saint-Barthélemy et de Saint-Martin sont rattachés à celui de la Basse-Terre.

Les chefs d'arrondissement dirigent le service des syndics, et les suppléent en cas de nécessité;

Ils ont la surveillance des maisons de dépôt d'immigrants situées dans leurs arrondissements respectifs;

Ils procèdent, sous la direction du protecteur, à la réception et à la distribution des immigrants à leur arrivée dans la colonie, comme aussi à la formation et à l'embarquement des convois de repatriement;

Ils sont tenus de faire des tournées régulières, et de visiter chacune des propriétés de leurs circonscriptions au moins une fois tous les six mois;

Ils rendent compte au protecteur des résultats tant de leurs constatations personnelles que de celles des syndics placés sous leurs ordres.

Art. 6. — Un syndic est attaché à chacun des cantons de la colonie, à l'exception des dépendances de Saint-Barthélemy et de Saint-Martin.

Il réside au chef-lieu du canton.

La circonscription d'un syndicat peut toutefois, suivant les nécessités, et en vertu de décisions spéciales, s'étendre sur plusieurs cantons.

Art. 7. — Les syndics sont les agents directs de la protection. Ils font des tournées fréquentes sur toutes les propriétés ; ils contrôlent les livres des engagistes, visent leurs registres d'hôpital ; ils s'assurent que les salaires ou prestations de toute nature dus aux immigrants leur sont fournis. Ils veillent à ce que leurs livrets soient régulièrement tenus.

Lorsqu'il y a lieu à retenues sur les salaires des travailleurs, ils prennent connaissance des faits qui ont pu occasionner ces retenues.

Ils adressent tous les six mois au chef de l'arrondissement pour être transmis à l'administration, l'état numérique, par commune, des immigrants existants dans leurs circonscriptions. Ils adressent aux mêmes époques, d'après les renseignements qui leur sont fournis trimestriellement par les maires, et dans les délais indiqués à l'article 154, par les secrétaires municipaux, l'état nominatif des immigrants décédés pendant le semestre précédent ;

Ils dressent et transmettent également tous les six mois l'état des journées de travail fournies par les immigrants pendant la période précédente ;

Ils portent à la connaissance des municipalités tous les changements et mutations survenus dans l'effectif des travailleurs de chaque commune ;

Ils reçoivent les déclarations d'option entre le repatriement et le rengagement ;

Ils assistent les immigrants dans la passation des actes d'engagement, de renouvellement, de transfert et de résiliation d'engagement ;

Ils valident par leur présence, et même pour des sommes supérieures à 150 francs, les payements faits par les caisses publiques aux immigrants illettrés ;

Ils délivrent, de concert avec l'engagiste, le congé d'acquit aux travailleurs parvenus au terme de leur engagement, et, en cas de contestations, ils en réfèrent sans délai et directement au juge de paix ;

Ils saisissent, quand il y a lieu, le syndicat protecteur, dont il sera parlé aux articles 142 et suivants de tous les faits ou réclamations pouvant donner lieu à une action judiciaire en farveur des immigrants ;

Ils informent le chef de service, par l'intermédiaire des chefs d'arrondissement, des recours qu'ils ont formés devant les syndicats protecteurs et devant les juges de paix ;

Ils transmettent aux magistrats du ministère public les plaintes portées par les immigrants à l'occasion des délits et contraventions commis à leur préjudice ;

Ils constatent enfin les irrégularités quelconques qui, provenant du fait soit des engagistes, soit des engagés, peuvent entraver le fonctionnement des ateliers ;

Ils veillent à la réparation, par les voies amiables, de ces irrégularités, et ils en informent les chefs d'arrondissement de leur circonscription par des rapports administratifs ;

Ils concourent, en tant que de besoin, au service des bureaux.

Art. 8. — Dans les communes autres que les chefs-lieux de circonscriptions syndicales, les secrétaires municipaux exercent les fonctions de syndics auxiliaires et reçoivent pour ce service supplémentaire des vacations d'après un tarif fixé par le Conseil général. Ils procèdent à l'examen sommaire, autant que possible sans déplacement, des affaires qui peuvent donner lieu à une intervention de l'autorité, et ils prennent, en cas de nécessité, les mesures urgentes ressortissant aux attributions des syndics. Ils transmettent immédiatement à ces derniers le résultat de leurs informations, et en donnent également avis au chef du service de l'immigration, au moyen d'un bulletin spécial.

Art. 9 — Les chefs, sous-chefs, commis et écrivains sont spécialement chargés, sous les ordres du protecteur et des chefs d'arrondissement, du service des bureaux, qui comprend la tenue de la comptabilité, la confection des matricules générales, la conservation des archives et dossiers, l'expédition de la correspondance, le classement et l'enregistrement des demandes d'immigrants, la classification des propriétés, et tous autres travaux d'ordre intérieur.

Toutefois, les chefs et les sous-chefs pourront, en cas de nécessité, et en vertu d'une délégation du directeur de l'intérieur, être chargés d'une ou plusieurs des missions comprises dans les attributions des chefs d'arrondissement et des syndics ;

Les interprètes concourent, suivant les circonstances, soit aux travaux des bureaux, soit aux opérations extérieures.

Le chef du bureau réside à la Pointe-à-Pitre, le sous-chef à la Basse-Terre ;

Les autres agents sédentaires sont placés, selon les besoins du service, dans l'une et l'autre localité ;

Art. 10. — Les conditions de transmission de la correspondance relative à l'exécution du service de l'immigration sont réglées par des arrêtés locaux.

Chapitre II

DU COMITÉ D'IMMIGRATION

Des demandes d'immigrants, de la formalité des listes d'inscription et de collocation.

Art. 11. — Il est institué dans la colonie un comité d'immigration qui siége à la Pointe-à-Pitre, et qui est composé de cinq membres, savoir : deux membres du Conseil général désignés chaque année par ce conseil, le plus âgé président ; le principal agent de l'immigration résidant à la Pointe-à-Pitre ; un habitant-propriétaire et un négociant ; ces deux derniers désignés annuellement par le gouverneur. Un employé du bureau de l'immigration remplit les fonctions de secrétaire.

Art. 12. — Le comité d'immigration est chargé d'arrêter la liste d'inscription des demandes d'immigrants introduits avec le concours de la colonie, ainsi que le tableau de collocation, d'après lequel la répartition des immigrants a lieu, lors de l'arrivée de chaque convoi dans la colonie. Il a la faculté de réduire ou de rejeter les demandes qui lui paraissent mal fondées.

Art. 13. — Les demandes d'immigrants à introduire avec le concours des fonds de la colonie doivent être adressées au directeur de l'intérieur. Elles portent obligation pour le souscripteur de prendre, à son tour d'inscription et au jour marqué par l'administration, les immigrants qui lui sont échus, sous peine de rembourser à la colonie, au taux d'un franc par jour, les frais d'entretien au dépôt desdits immigrants jusqu'au jour de leur placement, sans préjudice de tous autres dommages-intérêts, pour le cas où ce placement ne pourrait avoir lieu.

Chaque catégorie d'immigrants doit être l'objet d'une demande spéciale.

Les demandes précisent l'exploitation agricole ou

industrielle à laquelle les immigrants doivent être affectés ou l'emploi auquel ils sont destinés.

S'il s'agit d'une habitation, elles indiquent la propriété à laquelle les immigrants doivent être attachés et font connaitre son étendue en terres cultivables, la production prévue pour l'année suivante, et s'il y a lieu, celle de l'année courante et de l'année précédente.

Ces déclarations sont visées et certifiées par le maire de la commune où se trouve située la propriété. Elles servent à la détermination de l'importance actuelle ou prochaine des exploitations et à l'établissement de la classification dont il sera parlé ci-après.

Les demandes donnent aussi la qualification du demandeur : propriétaire, administrateur ou fermier d'habitation, colon partiaire, chef d'exploitation ou d'industrie.

Art. 14. — L'inscription des demandes d'immigrants adressées au directeur de l'intérieur est faite chaque jour au bureau central de l'immigration à la Basse-Terre, d'après l'ordre de leur réception. La priorité entre celles reçues à la même date est réglée par la voie du sort.

Toutes les demandes sont soumises au comité d'immigration dans sa plus prochaine séance.

Art. 15. — Ne sont admises par le comité d'immigration que les personnes désignées au dernier paragraphe de l'article 13, et offrant, en outre, des garanties suffisantes, soit pour l'accomplissement de leurs obligations envers les engagés et leur utile emploi, soit pour le remboursement des avances faites par la colonie.

Art. 16. — La classification des exploitations, établissements, et habitations est faite, au vu des demandes, par le directeur de l'intérieur, sur l'avis du comité d'immigration. Le tableau de cette classification est inséré par trois fois consécutives au *Journal officiel*, dans le but de provoquer les observations du public ou des intéressés ; il devient définitif par l'approbation qui y est donnée par arrêté du gouverneur en conseil privé, quinze jours après la dernière publication.

Art. 17. — La classification des exploitations, habitations et établissements se divise, pour la distribution des immigrants, en cinq catégories, savoir :

1° Les usines produisant plus de un million de

kilogrammes de sucre, et les habitations pouvant produire plus de 300,000 kilogrammes ou l'équivalent en autres denrées ;

2° Les habitations pouvant produire plus de 200,000 kilogrammes de sucre ou l'équivalent en autres denrées ;

3° Celles pouvant produire plus de 125,000 kilogrammes ou l'équivalent, etc. ;

4° Celles pouvant produire plus de 75,000 kilogrammes ou l'équivalent, etc. ;

5° Celles d'un ordre inférieur, jusqu'à 10 hectares de terres cultivables. Ces dernières ne pouvant, en aucun cas, recevoir plus d'un immigrant par hectare de terre cultivable ;

6° Celles de moins de dix hectares de terres cultivables, qui ne pourront recevoir plus d'un immigrant par deux hectares.

Art. 18. — La répartition des immigrants, pour les exploitations des cinq premières catégories, a lieu dans la limite des maxima ci-après déterminés.

	CONTINGENT	
	Annuel.	Total.
1re Catégorie	30	150
2e Catégorie	20	100
3e Catégorie	15	75
4e Catégorie	10	50
5e Catégorie	5	25

Les exploitations de la première catégorie recevront quinze immigrants par convoi ; celles de la deuxième, de la troisième et de la quatrième, dix ; celle de la cinquième, cinq, sans que ces chiffres puissent être augmentés.

Les exploitations de la sixième catégorie recevront un immigrant par convoi, et deux au plus par an.

Art. 19. — Les immigrants déjà concédés, de même que les rengagés compteront comme collocation et contribueront, avec ceux des convois en distribution, à la formation du contingent total revenant à chaque demandeur.

Les immigrants décédés ou condamnés à des peines excédant la durée de l'engagement ne compteront pas dans le contingent.

Mais ils ne pourront être remplacés qu'en vertu de demandes nouvelles qui prendront rang à leurs dates d'inscription.

En cas de transfert entre engagistes, l'immigrant dont le contrat a été transmis, sera précompté à la fois sur la collocation attribuée au cédant et sur celle concernant le cessionnaire.

Art. 20. — Les immigrants introduits par les particuliers pour leur compte personnel, avec l'autorisation du gouverneur, ne comptent pas dans la répartition de contingents introduits avec le concours de la colonie. Il en est de même des immigrants qui auraient été régulièrement autorisés à séjourner à la Guadeloupe dans les conditions du droit commun.

Art. 21. — Le nombre des immigrants à prélever sur chaque convoi pour les besoins de la petite culture sera déterminé par des dispositions spéciales, eu égard aux besoins généraux de l'agriculture. Ce nombre est fixé provisoirement à vingt-cinq pour la petite culture.

Art. 22. — Il est dressé au bureau central de l'immigration pour chacune des catégories d'immigrants destinés soit à la grande culture, soit à la petite culture une liste générale des demandes inscrites pour l'année. Ces listes sont arrêtées tous les ans au 1er septembre.

Art. 23. — Le comité d'immigration établit, tous les trois mois, la liste provisoire des demandes d'inscription qu'il a admise pendant la période précédente. Cette liste est publiée au *Journal officiel* de la colonie, et dix jours après la publication, elle devient définitive en vertu d'un arrêté rendu par le gouverneur en conseil privé.

Art. 24. — Le comité d'immigration dresse également, en prévision de l'arrivée de chaque convoi, le tableau d'après lequel les immigrants doivent être répartis ; il désigne les demandeurs qui doivent prendre part à la répartition, et le nombre des travailleurs auxquels ils ont droit. Ce tableau est inséré au *Journal officiel*, et les réclamations auxquelles il peut donner lieu sont adressées au directeur de l'intérieur dans les dix jours qui suivent la publication. S'il s'est produit des réclamations, elles sont jugées immédiatement par le gouverneur en conseil privé. A défaut de réclamation dans les dix jours de la publication, le tableau devient de plein droit définitif.

Art. 25. — Peuvent être exclus temporairement et même d'une manière définitive des listes d'inscription, par décision du gouverneur en Conseil privé, et ce indépendamment de l'action civile à introduire, s'il y a lieu :

1° L'engagiste qui, tenu de pouvoir au repatriement des immigrants engagés à son service, ne s'est pas acquitté de cette obligation ;

2° Celui qui a laissé à la charge de l'assistance publique des immigrants placés sous son autorité, nonobstant toutes stipulations faites à cet égard entre l'engagiste et l'engagé ;

3° Celui qui se trouve dans un des cas qui donnent lieu au retrait des immigrants, conformément à l'article 149, que cette mesure soit appliquée ou non ;

4° Celui qui a été condamné pour contravention au dispositions de l'article 175 du présent décret.

Art. 26. — Les distributions se font sur des listes annuelles. Chaque année sur la liste définitive des demandes, arrêtée au 1er septembre, l'administration fait procéder dans l'Inde au recrutement, pour le chiffre d'introduction fixé par le Conseil général en sa session ordinaire. A l'arrivée des convois, la repartition est faite entre tous les demandeurs, *au prorata* de leurs demandes inscrites.

Art. 27. — Nul demandeur ne peut s'inscrire pour un nombre d'immigrants supérieur au contingent annuel qui lui a été fixé. Toute demande supérieure sera annulée pour l'excédant.

Art. 28. — Les cessions d'inscription et les échanges de tour sont formellement interdits ; néanmoins, des transferts pourront être faits aussitôt après l'attribution des immigrants, sous la double condition de l'autorisation de l'administration et du payement des droits spécifiés à l'article 3 du décret du 13 février 1852.

Art. 29. — L'engagiste inscrit est tenu de recevoir le contingent qui lui a été attribué. L'engagiste qui s'en serait abstenu, serait déchu du droit d'inscription l'année suivante, sans préjudice de tous dommages-intérêts encourus, comme il est dit en l'article 13. En ce cas, le contingent auquel cet engagiste avait droit rentre dans la distribution générale.

Art. 30. — En cas de contestations sur les décisions du comité d'immigration, les intéressés et le directeur de l'intérieur peuvent se pouvoir auprès du gouverneur, qui prononce en conseil privé.

CHAPITRE III

De l'admission des immigrants, des formalités préalables à leur distribution, de leur immatriculation, de l'attribution de leurs contrats aux engagistes.

Art. 31. — Aussitôt après l'accomplissement des formalités prescrites par les règlements sanitaires, et avant le débarquement des immigrants, une commission composée du protecteur ou du principal agent d'immigration de l'arrondissement, président, d'un médecin désigné par le médecin en chef et du capitaine de port, ou, à défaut, d'un des membres de la commission d'amirauté, se rend à bord et vérifie le nombre des passagers et leur identité, d'après la liste adressée au gouverneur par l'autorité chargée d'assurer ou de contrôler le recrutement des immigrants-passagers.

Si des naissances ou des décès ont eu lieu pendant le voyage, la commission les constate, et le service de l'immigration envoie au port d'embarquement une expédition des actes de décès, et fait transcrire sur les registres de l'état civil les actes de naissances. La commission reçoit les déclarations et, s'il y a lieu, les plaintes des immigrants, sur la manière dont ils ont été traités à bord du navire, et s'assure si toutes les prescriptions édictées au titre 2 du décret du 27 mars 1852 ou par les conventions internationales ont été observées.

En cas de contravention, elle en dresse un procès-verbal qu'elle transmet au directeur de l'intérieur.

La commission rend compte de ses opérations au directeur de l'intérieur.

Les constatations faites par la commission sont soumises par le directeur de l'intérieur au gouverneur.

Dans le cas où aucune contravention n'est relevée à la charge du capitaine, celui-ci peut s'en faire délivrer attestation par le protecteur des immigrants.

Si les immigrants débarqués sont de nationalité étrangère, le service de l'immigration transmet à l'agent consulaire britannique un état nominatif desdits immigrants et un état des décès et naissances qui auraient eu lieu pendant le voyage.

Art. 32. — Les immigrants demeurent sous le régime de l'isolement pendant trois jours au moins, y compris celui de leur débarquement. La durée de l'isolement est prononcée par le chef du service de santé de la colonie, sur le rapport du médecin visiteur. Le médecin visiteur inspecte chaque jour les immigrants, depuis le jour de leur arrivée jusqu'à celui de leur distribution, indique les soins à leur donner, les fait diriger au besoin sur les hospices, et prescrit la séquestration de ceux qui sont atteints de maladies contagieuses ; il vaccine ou fait vacciner ceux qui ne portent trace ni de variole, ni de vaccination ; il fait connaître, dans son dernier rapport, la nature des maladies dont seraient affectés les immigrants qui n'auraient pu être placés après la levée de l'isolement, et il indique si ces maladies ont été contractées avant, après ou pendant le voyage.

L'indemnité à attribuer au médecin visiteur sera déterminée par décision du gouverneur.

Art. 33. — L'agent de l'immigration est chargé de toutes les mesures à prendre à l'égard des immigrants, soit à bord, soit au dépôt, soit dans les hôpitaux.

Les introducteurs d'immigrants peuvent faire suivre par un mandataire les opérations de l'agent de l'immigration et du médecin visiteur.

Art. 34. — Il est expressément défendu à tout capitaine, maître ou patron de navire de laisser descendre à terre aucun immigrant avant d'y avoir été autorisé par le protecteur des immigrants ou son représentant.

Art. 35. — A l'arrivée du convoi, les immigrants reconnus invalides restent à la charge de la caisse de l'immigration ou des introducteurs selon le cas. Les autres sont, par les soins de l'agent de l'immigration, répartis en groupes, dont le chiffre, déterminé par lui, comprend un nombre de femmes proportionnel à celui des hommes.

Le service de l'immigration veille à ce que dans la répartition de ces groupes aucun mari ne soit séparé de sa femme, aucun père ni aucune mère de ses enfants âgés de moins de quinze ans, et à ce qu'autant que possible les immigrants soient groupés par familles et par individus ayant le même lieu d'origine.

Les contrats de chaque groupe sont répartis par la voie du sort entre les demandeurs devant participer à la distribution du convoi.

L'agent consulaire britannique, en ce qui concerne les travailleurs de nationalité anglaise, pourra toujours communiquer avec les immigrants avant leur distribution.

Art. 36. — Nul engagiste ne peut être définitivement admis à la répartition s'il ne produit la quittance de toutes les sommes représentant sa part des frais d'introduction laissés à la charge des propriétaires, droit de timbre et d'enregistrement compris.

Art. 37. — L'accomplissement des opérations dont il est fait mention dans les deux articles précédents est constaté dans un procès-verbal de l'agent de l'immigration rédigé en deux expéditions, qui sont transmises au directeur de l'intérieur. Une troisième expédition est adressée, en ce qui concerne les immigrants de nationalité anglaise, à l'agent consulaire britannique du port de débarquement.

Art. 38. — Tout engagiste en retard de satisfaire aux obligations mentionnées aux articles 13 et 29 en ce qui concerne la réparation du préjudice causé à la caisse d'immigration par son retard de recevoir les immigrants qui lui sont échus, sera, dans les quinze jours de la notification qui lui aura été faite, et jusqu'à ce qu'il ait satisfait auxdites obligations, exclu de tout état de collocation.

Art. 39. — Il est tenu aux deux bureaux de l'immigration de la Basse-Terre et de la Pointe-à-Pitre, un registre spécial dit « *Matricule générale* », sur lequel sont immatriculés tous les immigrants.

Ce registre relate, sous un numéro d'ordre général dit *numéro de matricule générale*, le nom de l'immigrant, celui de ses père et mère, celui de ses héritiers et leur domicile, son signalement, l'indication de son lieu de naissance ou d'origine, celle du lieu où son contrat d'engagement a été passé, le nom du navire sur lequel il a été amené, le nom du capitaine de ce navire, la date de son arrivée dans la colonie, le nom et le domicile de son engagiste et les conditions de son contrat d'engagement. Les transferts, les réengagements, les résiliations, les permis de séjour, les départs, les mariages, les naissances et les décès sont portés sur ce registre.

Art. 40. — Il est tenu, à la mairie de chaque commune, un registre spécial d'immatriculation où seront inscrits tous les immigrants résidant dans la commune. Ce registre, où seront mentionnées, au fur et à mesure, les entrées et les sorties des immigrants, sera mis à jour au moyen des indications qui seront fournies par les syndics cantonaux aux maires des communes.

Art. 41. — Dans le délai de dix jours après l'inscription de l'immigrant sur la matricule générale, le bureau central de l'immigration transmet au syndic du lieu de sa résidence copie *in extenso* des indications portées sur ce registre. Le syndic le reporte, à son tour, et, avec un numéro d'ordre particulier, sur un registre spécial dit *Matricule syndicale.*

Art. 42. — Au moment où les immigrants sont remis à leurs engagistes, le service de l'immigration délivre à celui-ci un état portant les noms, les numéros de matricule générale et l'indication du lieu de naissance ou d'origine de ses engagés.

Art. 43. — Lorsque les immigrants faisant partie d'un convoi auront été, avant d'être confiés à leurs engagistes, envoyés d'office dans les hospices, les frais de leur traitement dans ces établissements seront à la charge soit de la caisse d'immigration, soit des introducteurs, suivant les stipulations des conventions passées avec ces derniers.

Néanmoins, aussitôt que le rétablissement de ces immigrants aura été constaté par le médecin de l'hospice, le régisseur de cet établissement en donnera avis aux engagistes, qui devront immédiatement faire opérer le retrait des travailleurs dont les contrats leur ont été concédés.

Les notifications ci-dessus seront faites, par lettres recommandées. Huit jours après qu'elles auront eu lieu, les frais de séjour des immigrants, soit aux hospices, soit aux lieux de dépôt spéciaux, commenceront à courir au compte des engagistes.

Art. 44. — La prime d'introduction à rembourser à la colonie pour l'attribution de chaque immigrant introduit avec le concours de la caisse locale est toujours payable comptant. Elle est fixée d'après les décisions du Conseil général. Elle comprend les droits fixes et proportionnels déterminés à l'article 3 du décret du 13 février 1852.

Art. 45. — Au moment de la répartition d'un convoi, les malades continueront à être classés dans les lots, et l'engagiste acquittera immédiatement, pour l'ensemble de chaque lot, les sommes dues à la caisse d'immigration ; ces sommes seront restituées pour ceux desdits immigrants qui mourraient aux hospices, et le remboursement en sera opéré d'office dans le mois de ce décès.

En ce qui concerne les immigrants qui sortiront de l'établissement en vertu d'un exeat du médecin, ils seront, par ce seul fait, attribués définitivement à l'engagiste.

Toutefois, la durée de l'engagement ne datera que de cette sortie.

Art. 46. — Tout particulier ou toute compagnie

qui voudra introduire des immigrants à la Guadeloupe sans le concours des fonds de la colonie, devra
en obtenir l'autorisation du gouverneur. Cette autorisation ne pourra être accordée qu'après que les
sommes représentant le prix du passage de repatriement desdits immigrants auront été versées au Trésor ou qu'il aura été fourni un cautionnement dé-
battu entre l'administration et l'introducteur. Les
immigrants ainsi introduits seront placés sous le
même régime que les autres travailleurs engagés
d'origine asiatique, notamment en ce qui concerne
l'obligation pour leurs employeurs de leur fournir
les soins, salaires et prestations dont il sera parlé
ci-après.

Toutefois, les engagements consentis par les immigrants ainsi introduits ne donneront lieu qu'à la
perception des droits indiqués aux tarifs de l'enregistrement pour les contrats ordinaires de louage
de travail.

Chapitre IV
Du livret et du livre contrôle.

Art. 47. — Tout immigrant engagé devra être
pourvu d'un livret destiné à recevoir les différentes
indications relatives à l'exécution de son engagement.

Ce livret contiendra les numéros de matricule
générale et de matricule syndicale de l'immigrant,
ses noms et surnoms, sa filiation, la date de son introduction dans la colonie, le nom et le domicile de
son engagiste, le nom du navire introducteur.

Le livret sera arrêté, dans les huit premiers jours
du mois, par l'engagiste qui y inscrira le nombre des
journées de travail fourni pendant le mois précédent,
le nombre des journées d'absence régulière, celui des
journées d'absence irrégulière, le montant des salaires
acquis, les payements effectués et les retenues opérées sur ces salaires.

L'arrêté devra être apposé sur le livret, alors
même que l'immigrant n'aurait fourni pendant le
mois aucun travail. Il sera daté et signé par l'employeur ou par son représentant.

Art. 48. — Dans aucun cas, il ne sera fait sur le
livret de mention favorable ou défavorable au tra-
vailleur.

Art. 49. — L'immigrant sera toujours détenteur
de son livret, qui devra être représenté à toute réquisition des agents de la force publique. Tout immi-

grant rencontré en dehors de la propriété à laquelle il est attaché, et qui ne justifiera pas d'un livret portant la mention du dernier arrêté mensuel dont il est parlé à l'article précédent, sera présumé en état de désertion ou de vagabondage. Il pourra être conduit au commissaire ou au commissaire adjoint de police de la commune, qui, après constatation de l'emploi de son temps, le mettra à la disposition de la justice sous l'inculpation de désertion ou de vagabondage, ou le fera conduire, suivant les cas, soit chez son engagiste, soit devant le syndic de la circonscription.

L'immigrant conduit devant le syndic sera, s'il n'y a pas lieu de le renvoyer chez son engagiste, dirigé sur le dépôt le plus voisin.

Les dispositions ci-dessus s'appliqueront au cas où le livret de l'immigrant, bien qu'arrêté par l'employeur, ne mentionnera, pour tout le mois précédent, que des journées d'absence irrégulière.

Quelle que soit, d'ailleurs, la décision prise à l'égard de l'immigrant, il aura toujours la faculté de se faire conduire, s'il le désire, devant l'agent consulaire britannique.

Art. 50. — Les livrets seront délivrés gratuitement par les syndics, au moment même de l'engagement ou de l'attribution des contrats. Ils seront cotés et paraphés par le syndic.

En ce qui concerne les immigrants nouvellement introduit, le livret sera délivré par le syndic du lieu où aura été faite la distribution du convoi auquel ils ont appartenu.

Art. 51. — Le livret usé est remplacé sur le vu du vieux livret.

Le livret perdu est remplacé après constatation, par le syndic, de la situation de l'engagé.

Dans tous les cas de remplacement, il sera fait mention en tête du livret neuf du motif de ce remplacement.

Art. 52. — Tout engagiste est astreint à la tenue d'un registre visé et parafé par le maire, dit livre contrôle, sur lequel il doit inscrire, pour chaque immigrant, les journées de travail fournies pendant le mois, les gages dus, payés ou retranchés, les journées d'absence, les fournitures de vêtements et tous autres faits relatifs à l'exécution du contrat.

Ce livre doit être constamment à jour et être représenté à chaque réquisition aux agents de l'immigration qui ont le droit d'y apposer leur visa en toutes circonstances et doivent le vérifier dans toutes ses parties au moins une fois par an.

Art. 53. — Toutes les fois que l'engagiste requerra l'application de l'article 185 du présent décret, il devra produire son livre contrôle à l'appui de sa plainte.

L'apport de ce même livre pourra être ordonné par le juge de paix, chaque fois qu'il y aura plainte portée contre l'engagiste au sujet de la non exécution du contrat d'engagement ou des obligations qui lui sont imposées par le présent décret.

CHAPITRE V

Des contrats d'engagement, de leur réception, de leur exécution, de leur renouvellement, de leur transfert et de leur résiliation.

Art. 54. — Les travailleurs immigrants des deux sexes sont, pendant toute la durée de leur séjour dans la colonie, soumis à l'obligation de l'engagement. Ils ne peuvent en être dispensés que dans les conditions indiqués au chapitre IX.

Art. 55. — Conformément aux stipulations de la convention internationale du 1er juillet 1861, nul engagement ne peut être passé pour une durée supérieure à cinq années.

Toutefois, en cas d'interruption volontaire régulièrement constatée, dans les conditions indiquées à l'article 52 et sauf recours au juge en cas de contestation, l'immigrant devra un nombre de jours égal à celui de l'interruption, dans les conditions ordinaires du contrat.

Sont considérées comme interruptions volontaires : l'absence légale dans le cas du n° 1 de l'article 118, l'absence illégale et la cessation de travail par suite d'ivrognerie ou de condamnations judiciaires.

Il sera toujours facultatif à l'engagiste de renoncer à cette restitution des journées d'interruption.

Art. 56. — A défaut de stipulations contraires mentionnées aux contrats consentis aux lieux de recrutement, l'engagement des immigrants attribués par répartition de convoi s'étend à leurs enfants mineurs introduits avec eux ou nés dans la colonie.

Ceux de ces enfants, qui justifieront de la fréquentation habituelle d'une école publique, seront, si leurs parents le demandent, dispensés des obligations de l'engagement; mais dans ce cas l'engagiste ne leur devra aucune des prestations mentionnées au contrat.

Art. 57. — Les immigrants orphelins sont placés sous la tutelle administrative du chef du service de l'immigration, qui prend à leur égard, suivant les circonstances, toutes les mesures nécessitées par leur situation.

Aussitôt que ces enfants auront atteint l'âge de leur majorité (1) ils seront, à moins d'une autorisation régulière de séjourner librement dans la colonie, soumis à l'obligation de contracter un engagement avec un engagiste de leur choix.

Art. 58. — Quand une immigrante contracte mariage selon les lois françaises, dans la colonie, son contrat d'engagement est rompu de plein droit, à dater du jour de son mariage, sous la condition du payement à l'engagiste d'une indemnité, qui, en cas de désaccord, est fixée par le juge de paix.

Si c'est avec un immigrant qu'elle contracte mariage, elle est astreinte à passer un nouvel engagement avec le même engagiste que son mari. La durée de cet engagement ne peut dépasser le temps d'engagement restant à faire par le mari.

Art. 59. — Hors les cas mentionnés à l'article 56, les contrats d'engagement des mineurs, enfants d'immigrants, ne peuvent être passés qu'avec le consentement de leurs père et mère ou de celui sous l'autorité duquel ils se trouvent légalement placés.

Autant que possible, ces engagements doivent être passés soit avec l'engagiste des parents, soit avec un engagiste habitant dans le lieu de la résidence des parents.

Art. 60. — Les contrats primitifs rédigés dans la colonie pour l'exécution des engagements collectifs, consentis aux lieux de recrutement sont conformes, pour tout ce qui n'est pas contraire aux prescriptions de la convention du 1er juillet 1861, aux stipulations de ces derniers engagements. Ils contiennent, de la part de l'immigrant, l'obligation de fournir son travail à l'engagiste, à qui il a été remis par l'admistration à son arrivée dans la colonie. Ces contrats sont passés par les agents chargés de la distribution des convois sous le contrôle et le visa du protecteur, et déposés,

---

(1) Immigrants de Pondichéry... { 16 ans pour les garçons.
14 ans pour les filles.
Immigrants de Calcutta...... { 15 ans pour les garçons et les filles.

après les formalités de l'enregistrement, au bureau central de l'immigration.

Art. 61. — Les contrats d'engagement ou de renouvellement d'engagement stipulent d'une façon claire et précise : 1° la durée de l'engagement de l'immigrant ; 2° son droit au repatriement à l'expiration du contrat, ou les conditions auxquelles il renonce à ce droit ; 3° le nombre des heures de travail pour chaque journée et le nombre de jours pour chacune des périodes du mois ; 4° les gages, les rations, les vêtements, les suppléments dûs en cas de travail supplémentaire, et tous les autres avantages particuliers qui pourraient être consentis à l'immigrant ; 5° son droit à l'assistance médicale gratuite, avec mention qu'il est déchu de la gratuité si la maladie est le résultat de son ivrognerie ; 6° le droit à l'inhumation aux frais de l'engagiste ; 7° la prime convenue ou la renonciation à la prime, et 8° les avances consenties par l'engagiste.

Art. 62. — Les contrats d'engagement ne peuvent déroger aux prescriptions du présent arrêté en ce qui concerne le logement, la nourriture, le mode de payement des salaires, les conditions de retenues sur les salaires, les jours de repos, les soins médicaux et les frais d'inhumation. Toutefois, en cas de rengagement, les conditions relatives à la nourriture pourront être réglées par les conventions particulières intervenues entre les parties.

La durée des rengagements est réglée de gré à gré entre les parties, sans pouvoir excéder la limite *maxima* mentionnée à l'article 55. Il en est de même de celle des engagements qui sont consentis pour la première fois dans la colonie, sans obligation préalablement arrêtée au lieu de recrutement.

Art. 63. — Hors le cas d'engagements collectifs passés aux lieux de recrutement, tout immigrant qui consent dans la colonie un engagement primitif ou un rengagement a droit à une prime qui lui est payée par l'engagiste.

Il peut accepter le remplacement de la prime en argent par la stipulation d'avantages particuliers.

Il peut même renoncer à son droit à la prime.

Dans ces deux cas, mention détaillée est faite sur la matricule générale, sur la matricule syndicale et sur le livret, soit des avantages consentis en remplacement de la prime, soit de la renonciation à la prime.

Indépendamment de la prime ci-dessus, *propor-*

tionnellement à la durée de l'engagement, l'immigrant qui se rengage a droit à une seconde prime qui lui est payée sur les fonds de la caisse d'immigration, et dont le chiffre est déterminé par le Conseil général.

Art. 64. — En cas de rengagement ou d'engagement primitif, consenti dans la colonie, les salaires mensuels des immigrants ne peuvent être fixés à des taux inférieurs aux chiffres ci-après, pour un travail de 6 jours par semaine et 9 heures 1/2 par jour :

Hommes adultes,..........................	12 50
Femmes adultes,..........................	10 00
Garçons non adultes au-dessus de 10 ans.	6 25
Filles non adultes au-dessus de 10 ans.	5 00

Art. 65. — Les immigrants ne peuvent, pendant la durée de leurs contrats, passer un acte de rengagement avec leurs employeurs, si ce n'est dans les trois mois qui précèdent l'expiration de ces contrats.

Art. 66. — L'engagiste au profit de qui a été passé un contrat de travail peut le transférer à qui bon lui semble, avec le consentement de l'immigrant, et sans ce consentement quand le transfert est fait en faveur du nouveau détenteur de la propriété.

Dans les circonstances où le consentement sera nécessaire et aura été refusé, l'engagé pourra, suivant l'exigence des cas, et avec l'assentiment de l'autorité locale, être remis à l'administration qui pourvoira à son placement.

Art. 67. — Les contrats d'engagement primitif consentis dans la colonie, ainsi que les contrats de rengagement et de transfert, sont reçus par les maires ou les greffiers de justice de paix, avec l'assistance des syndics. Ils donnent lieu, les uns et les autres, à la perception des droits déterminés par l'article 3 du décret du 13 février 1852.

Toutefois, si la durée du rengagement ou du transfert est de moins de 5 années, le droit fixe de 30 francs sera réduit proportionnellement.

Art. 68. — Dans les quinze jours qui suivent l'expiration du contrat d'engagement ou de rengagement, l'engagiste est tenu d'en donner avis au syndic de sa circonscription avec une déclaration portant que le contrat est définitivement expiré ou en donnant le relevé des journées de remploi qui peuvent être dues en vertu des dispositions de l'article 55.

En cas de désaccord entre le syndic et l'engagiste, le juge de paix statue conformément à l'article 9 du décret du 13 février 1852, sur le vu des pièces produites par l'engagiste et par l'engagé, et des registres du syndicat.

Le juge de paix peut être directement saisi par le syndic.

Lorsque l'engagement est définitivement terminé et réglé, le syndic en fait mention sur le livret de l'immigrant. Il procède ensuite à son égard conformément à l'article ci-après.

Au cas où, après règlement définitif des gages, l'engagé resterait débiteur de l'engagiste pour l'une des causes énumérées à l'article 96, excepté pour causes d'avances faites par l'engagiste ou de dettes contractées envers des tiers l'engagé ne sera considéré comme libre d'engagement qu'après payement intégral de la somme due ou remboursement en journées de travail avec vivres, soins et autres prestations, la valeur de la journée restant fixée conformément au taux des salaires convenus au dernier contrat.

Art. 69. — Préalablement à la passation de tout contrat d'engagement, de rengagement ou de transfert, consenti dans la colonie, les parties contractantes sont tenues de se présenter au syndic du domicile de l'engagiste. L'engagiste a la faculté de se faire représenter par un fondé de pouvoirs dont le mandat peut être conféré par simple lettre indiquant les conditions du contrat. Cette lettre demeure déposée au syndicat. Le futur engagiste a le droit de se faire communiquer par le syndic l'extrait de la matricule générale concernant l'immigrant qu'il désire engager.

Art. 70. — Le syndic vérifie l'identité de l'engagé et sa situation. Il apprécie les conditions et les garanties offertes par l'engagiste, et s'assure de la sincérité des conventions proposées.

Art. 71. — S'il estime qu'il y ait lieu de faire droit à la demande, le syndic conduit les parties pour la rédaction du contrat, devant le maire ou devant le greffier de la justice de paix, suivant leur choix. Il donne immédiatement avis au chef du service de l'immigration de la passation du contrat. Quand il s'agit d'un immigrant non précédemment engagé, le syndic adresse au bureau central son signalement détaillé et toutes les indications qu'il juge utiles sur son identité et ses antécédents. Si le syndic refuse de provoquer la rédaction du contrat, il délivre, par écrit, acte motivé de son refus à celle des parties qui le requiert.

Art. 72. — En cas de refus du syndic de donner suite à la demande d'engagement, et en cas de maintien de ce refus par l'administration, il sera statué par le gouverneur en conseil privé sur la demande de l'engagiste.

Art. 73. — Les contrats d'engagement, de rengagement ou de transfert devront être déposés au bureau central de l'immigration, soit par les maires, soit par les greffiers, dans les trente jours de leur passation. Ceux de ces actes qui seront contractés devant les maires ne deviendront définitifs et ne seront revêtus de la signature de l'officier public que sur la présentation de la quittance de receveur de l'enregistrement, constatant le payement des droits auxquels ils auront donné lieu.

Ils seront rédigés les uns et les autres en deux originaux.

Art. 74. — Le protecteur des immigrants doit, dans le délai d'un mois, à partir du dépôt du contrat, délivrer à l'engagiste un des deux originaux dudit contrat visé par lui, et à l'engagé une copie certifiée du même acte.

L'original et la copie portent en tête le numéro d'immatriculation.

Art. 75. — En cas de grossesse avancée, et pour cause de devoirs de famille, l'exécution du contrat des femmes pourra, sur l'avis du médecin de l'habitation en cas de d'abonnement ou d'un médecin requis à cet effet, être suspendue ou modifiée sous des conditions à déterminer entre l'agent de l'administration, l'engagiste et l'engagé. Les dispositions ainsi arrêtées seront soumises à l'approbation du directeur de l'intérieur.

A défaut d'entente entre l'agent de l'administration, l'engagiste et l'engagé, il en sera référé, après avis du syndicat protecteur, au juge de paix, pour qu'il soit statué, s'il y a lieu, comme il est dit à l'article 143.

Art. 76. — L'immigrant dont le contrat d'engagement est arrivé à son terme a, sous la réserve des formalités mentionnées à l'article 68, et conformément à l'article 2 du décret du 13 février 1852, un délai d'un an pour opter entre le rengagement et le repatriement. Il est mis immédiatement en demeure d'exercer cette option ou de déclarer s'il entend user de la faculté qui lui est accordée d'y surseoir pendant une année.

S'il opte immédiatement pour son repatriement, il est dressé acte de sa déclaration par le syndic, qui en donne avis au protecteur, lequel prend les mesures prescrites par les articles 159 et suivants.

S'il opte pour le rengagement, le syndic pourvoit à la passation de son contrat.

Art. 77. — L'immigrant qui s'est réservé la faculté d'opter dans le délai d'une année, reçoit un nouveau livret en échange de son ancien livret. Mention de sa déclaration est faite tant sur la matricule générale que sur la matricule du syndic. Il reste, dans cette situation, au service de son ancien engagiste, aux conditions du contrat expiré, à moins qu'il ne préfère passer au service d'un autre engagiste, auquel cas le syndic pourvoit, comme il est dit à l'article 71, à la passation, entre lui et l'engagiste de son choix, d'un contrat transitoire, dont la durée est limitée au temps de son option définitive. Pendant le cours de ce contrat transitoire, l'immigrant a droit, de la part de l'engagiste, aux soins, à la nourriture et autres prestations indiquées au présent arrêté, à l'exception de la prime d'engagement.

Lorsque l'immigrant use de son droit d'option, il est procédé à son égard comme il est dit à l'article précédent.

L'immigrant qui a opté pour le repatriement et qui se trouve en expectative de départ, doit justifier d'un travail habituel, dans les conditions déterminées au premier paragraphe du présent article.

Art. 78. — Dans les différents cas mentionnés aux deux articles précédents, l'immigrant peut recevoir du syndic une permission de circuler pour chercher un nouvel engagiste. Cette permission est donnée pour un temps qui ne peut excéder dix jours; elle peut être renouvelée; elle est inscrite sur le livret, et équivaut, en ce qui concerne les justifications à faire aux agents de la force publique, à une constatation régulière de l'emploi du temps de l'immigrant.

Art. 79. — Tout contrat d'engagement peut, avec l'autorisation de l'administration et le consentement mutuel des parties, être résilié à l'amiable par acte du maire ou du greffier de la justice de paix, passé en présence du syndic. Le contrat peut en outre être

résilié, sur la poursuite d'office du syndicat protecteur, conformément à l'article 143.

Art. 80. — La résiliation des contrats ne donne
jamais lieu à la restitution par la colonie, des sommes
payées par l'engagiste pour remboursement de la
partie des frais d'introduction de l'immigrant laissée
à la charge dudit engagiste.

Art. 81. — Tout immigrant qui, pour une cause
quelconque, obtient résiliation de son contrat, est
remis à l'administration, qui pourvoit, suivant les
cas, soit à sa mise en subsistance provisoire, soit à
son placement définitif chez un nouvel engagiste, en
stipulant de celui-ci, si celui-là n'est déjà désinté-
ressé, le remboursement direct à l'engagiste dépos-
sédé du solde de la somme payée pour l'obtention du
contrat, calculé proportionnellement au travail restant à fournir.

Dans le cas où la mise en subsistance ou le placement définitif ne pourraient être effectués, l'immigrant
sera rapatrié par le plus prochain convoi.

Les actes relatifs au placement définitif sont,
sauf en ce qui concerne la prime, rédigés dans les
mêmes formes et soumis aux mêmes règles que les
rengagements ordinaires.

Art. 82. — Au cas où le repatriement d'office
d'un immigrant dangereux viendrait à être ordonné
par l'administration, comme il sera dit à l'article 156
ci-après, son contrat sera résilié de plein droit, à
partir du jour de la notification à l'engagiste, de la
décision admistrative intervenue.

L'immigrant rapatrié d'office subit sur la totalité
des gages qui peuvent lui être dus au moment de la
résiliation de son marché, la retenue de toutes les
sommes dont il peut être déclaré débiteur aux termes
de l'article 96.

Art. 83. — Tout acte ou jugement portant résiliation est notifié dans le délai de dix jours, au chef
du service de l'immigration, pour être mentionné sur
les matricules du service. Cette notification est faite
par les syndics, pour les actes passés avec leur concours et par les greffiers des tribunaux qui ont statué,
en ce qui concerne les jugements.

CHAPITRE VI

Du logement des immigrants, des rations, des re-
changes, du payement des salaires, des retenues,

du travail, de la corvée, des jours de repos, des travaux et des salaires supplémentaires.

Art. 84. — L'engagiste est tenu de fournir aux immigrants, par sexe et par famille, des logements convenables au point de vue de la division et de la salubrité. Ces logements comporteront, tous, des installations de couchage élevées d'au moins 50 centimètres au-dessus du sol. La convenance de ces logements est constatée par le protecteur ou par les agents placés sous ses ordres.

Art. 85. — Si le logement affecté à l'immigrant est reconnu insuffisant ou insalubre par le protecteur, celui-ci mettra l'engagiste en demeure de lui fournir un logement convenable et lui impartira, pour ce faire, un délai qui ne pourra être moindre de un mois ni excéder deux mois.

Art. 86. — La ration quotidienne de chaque immigrant, qui devra être fournie par l'engagiste en denrées de bonne qualité, ne pourra être au-dessous des quantités ci-après déterminées :

Riz décortiqué ou farine de manioc.	85 centilitres
Morue ou poisson salé,.............	214 grammes
ou viande fraiche ou salée........	200 grammes
Sel	20 grammes

Il peut être dérogé à cette disposition par les conditons particulières du contrat d'engagement en ce qui concerne les éléments précédents de ration.

Art. 87. — En cas de disette ou d'impossibilité de se procurer les denrées alimentaires ci-dessus indiquées, la ration pourra, avec l'assentiment du chef du service de l'immigration, être remplacée, pour un temps et dans des proportions déterminées, par du pain, des légumes frais, des racines et des denrées alimentaires du pays.

Art. 88. — La ration sera de la moitié des quantités ci-dessus déterminées pour les immigrants de six à douze ans, du quart pour les enfants au-dessous de six ans. Les nourrissons seront nourris dans tous les cas suivant les besoins de leur âge.

Art. 89. — Les rations peuvent être délivrées, soit quotidiennement, soit d'avance et par semaine.

Elles seront remises à l'immigrant avant toute cuisson, sauf les cas où le médecin de l'établissement en aurait décidé autrement.

En cas d'absence illégale de l'engagé, la valeur des rations avancées est retenue sur ses salaires, conformément à un tarif arrêté chaque année par le gouverneur.

Art. 90. — Il sera fourni annuellement à l'engagé des vêtements, consistant en deux rechanges composées ainsi qu'il suit :

Pour les hommes : deux chemises, deux pantalons en tissu de coton et un chapeau ou un mouchoir de tête par an; pour les femmes : deux chemises, deux robes ou jupes et quatre mouchoirs en tissu de coton.

Art. 91. — A partir du second engagement, les prestations en nature indiquées dans les articles 86 à 90 pourront être remplacées, du consentement mutuel des parties, par un salaire équivalent en argent.

Toutefois, le logement et les soins médicaux seront toujours fournis en nature aux immigrants.

Art. 92. — Chaque journée de salaire est fixée au vingt-sixième du salaire mensuel.

Art. 93. — L'engagé recevra, à la fin de chaque mois, la totalité du salaire qui lui est dû pour le mois, déduction faite des retenues ci-après établies. Toutefois, en cas de circonstances exceptionnelles, le protecteur des immigrants pourra autoriser l'engagiste à retarder d'un mois le payement, sans que ce délai puisse être dépassé.

Art. — 94. — Les syndics devront, aussi souvent qu'ils le pourront, assister au payement des salaires sur les établissements ou exploitations agricoles ou industrielles. A défaut du syndic empêché, la constatation des payements pourra se faire, si l'engagiste demande cette constatation, par les secrétaires de mairie, commissaires ou agents de police.

Le registre contrôle, tenu en exécution de l'article 52, sera visé par les syndics, secrétaires de mairie, commissaires ou agents de la police qui auront assisté au payement.

Les syndics devront assister également, aussi souvent que possible, à la distribution des rations aux immigrants.

Art. 95. — Les instruments de travail qui doivent être fournis à l'immigrant restent la propriété de l'engagiste, et sont renouvelés à ses frais, sauf le cas où la perte desdits outils serait due à la faute de l'immigrant, et à charge par ce dernier, à moins de force majeure, de représenter les vieux outils.

Art. 96. — Aucune retenue ne pourra être opérée sur les salaires des engagés, si ce n'est dans les cas suivants et dans les proportions indiquées ci-dessous :

1° Pour remboursement des amendes ou frais de justice mis à la charge des engagés et acquittés en leur lieu et place par les engagistes, ou pour remboursement des amendes ou frais de justice encourus par les engagés et dont leurs engagistes auraient été déclarés civilement responsables. Cependant cette retenue ne sera effectuée qu'à raison du tiers des salaires acquis pendant le mois ;

2° Pour les journées d'hôpital, à raison d'une journée de salaire pour chaque jour de maladie.

Dans le cas où la maladie de l'immigrant est le fait de son ivrognerie, il lui sera retenu, indépendamment de la journée de salaire mentionnée ci-dessus, le montant de ses frais de maladie tels qu'ils seront certifiés par le médecin de l'établissement, jusqu'à parfait payement, et à raison du tiers seulement de ses salaires ;

3° Pour les journées d'absence à raison d'une journée de salaire pour chaque jour d'absence, sauf les réserves stipulées à l'avant dernier paragraphe de l'article 118.

Toute fraction de journée non fournie, dans les conditions déterminées au présent paragraphe, donnera lieu à la retenue du salaire afférent à la portion de journée non fournie ;

4° Pour remboursement des avances en argent faites à l'engagé au moment de la passation de son contrat. Cette retenue est également opérée à raison du tiers des salaires mensuels ;

5° Pour remboursemement des rations reçues en avance par les immigrants, en cas de non travail, ainsi qu'il est dit à l'article 89, et suivant les distinctions établies à l'article 118, d'après un tarif fixé par le gouverneur et déterminant la valeur des rations ;

6° Pour le payement des dommages-intérêts auxquels l'immigran⁺ peut avoir été condamné vis-à-vis de son engagiste, pour perte d'outils, dégâts sur la propriété, mauvais services, etc., toujours jusqu'à concurrence d'un tiers sur son salaire mensuel.

Art. 97. — Les retenues prévues en l'article précédent ne pourront être opérées :

En ce qui concerne les paragraphes 1ᵉʳ et 6, que

sur la justification, par l'engagiste, des condamnations encourues par l'engagé et de leur montant ;

En ce qui concerne le paragraphe 2, que sur la justification, par l'engagiste, de la maladie de l'engagé.

Cette justification résultera exclusivement de la production du livre d'hôpital, pour tout engagiste ayant au moins vingt engagés ;

En ce qui concerne le paragraphe 4, que sur le vu des mentions portées par le syndic sur le contrat de l'immigrant.

Art. 98. — Aucune dette contractée par un immigrant dans une boutique sise sur la propriété de l'engagiste ou tenue par l'engagiste ou l'un de ses employés, ne peut être retenue sur les gages des engagés.

Art. 99. — Si les retenues à opérer sur les salaires acquis dans le mois arrivent à former un total dépassant la moitié de ces gages, elles sont réduites proportionnellement et opérées au prorata des sommes dues.

Art. 100. — Si les salaires des immigrants ne sont pas payés aux époques auxquelles ils sont exigibles, le protecteur met l'engagiste en demeure de s'exécuter dans un délai déterminé et qui ne peut excéder un mois. Ce délai écoulé, le syndicat protecteur, sur l'avis motivé du protecteur des immigrants, approuvé par le directeur de l'intérieur, peut poursuivre d'office la résiliation du contrat ou prendre toutes les mesures nécessaires pour assurer, par les voies de droit, et dans le plus bref délai possible, le payement des gages dus aux immigrants.

Art. 101. — Dans le cas où la nourriture règlementaire ne serait pas fournie aux immigrants d'un atelier, le syndic pourrait se pourvoir devant le juge de paix, qui peut, s'il y a urgence, ordonner la mise en subsistance provisoire desdits immigrants. Il est rendu compte, sans retard, à l'administration supérieure de la mesure et des circonstances qui l'ont provoquée.

Art. 102. — La journée de travail due par l'immigrant, sauf conventions différentes formellement exprimées au contrat, ne peut être de plus de douze heures, y compris un ou deux repos s'élevant ensemble à deux heures et demie.

Art. 103. — Les jours de repos dus aux immigrants engagés sont les dimanches, la fête des morts et la fête nationale, et quatre journées de congé au commencement du mois de janvier de chaque année.

Art. 104. — N'est pas considérée comme travail l'obligation pour les immigrants employés aux travaux agricoles ou industriels de pouvoir, les jours de repos, par une corvée spéciale, aux soins que nécessitent la bonne tenue et la propreté des établissements, l'entretien des animaux et le service de la vie habituelle.

Cette corvée ne doit pas excéder trois heures et doit se terminer au plus tard à neuf heures du matin.

L'immigrant qui refuse de la fournir est soumis à la retenue du tiers du salaire d'une journée, sous réserve du visa du syndic.

Art. 105. — Les immigrants engagés pour le service de la domesticité doivent tout leur temps à leurs engagistes sans distinction de jours de repos et de jours ordinaires.

Art. 106. — Les immigrants introduits dans la colonie aux frais ou avec l'assistance de la caisse d'immigration, ne pourront être employés à des travaux autres que ceux pour lesquels ils ont été attribués.

Art. 107. — Le travail s'exécute soit à la journée, soit à la tâche.

La tâche ne doit jamais excéder la somme de travail représentée par les neuf heures et demie de travail de la journée.

L'engagé qui aura exécuté dans un temps moindre la tâche donnée, disposera librement du reste de la journée.

Les enfants, jusqu'à l'âge de leur majorité, rendent des services proportionnés à leur âge et leurs forces.

Art. 108. — Tout travail supplémentaire excédant la limite fixée par les articles 102, 103 et 104 ou par les conventions particulières entre les parties, donnera à l'engagé droit à un salaire supplémentaire.

Dans le cas où le salaire dû pour ce travail est fixé au moment de la passation du contrat ou s'il fait postérieurement l'objet d'une convention spéciale, il en est fait expressément mention dans l'acte ou déclaration au syndic. Le minimum du salaire stipulé ne peut être inférieur à cinq centimes par heure, pour tout sexe et tout âge.

Si le travail supplémentaire n'a pas fait l'objet d'une convention générale et s'il n'est demandé par l'engagiste à l'engagé que dans une circonstance particulière, il fait l'objet d'une convention débattue de gré à gré entre les parties.

Chapitre VII

De l'hôpital et de sa tenue, des visites de médecin,
des soins médicaux.

Art. 109. — L'engagiste est tenu de pourvoir,
en tout état de cause, et sauf répétition contre l'engagé, si la maladie de ce dernier est le résultat de
l'ivrognerie ou de ses conséquences, aux soins médicaux et à tous les frais de maladie des immigrants
qui lui ont été attribués, hors les cas où ces immigrants auront été envoyés d'office à l'hospice avant
d'avoir pu être effectivement mis à sa disposition.

En cas d'invalidité incurable de l'engagé, au cou-
rant de l'engagement, l'engagiste doit continuer à lui
donner le logement, la nourriture et les soins jusqu'à
son rapatriement, lequel aura lieu, autant que possible,
par le plus prochain convoi.

Toute habitation, toute exploitation ayant des
immigrants doit être pourvue d'une infirmerie con-
venablement installée et approvisionnée.

Lorsque le nombre de ces immigrants sera de
vingt au moins, l'engagiste sera tenu d'avoir sur sa
propriété un hôpital installé dans les conditions déterminées aux articles ci-après.

Art. 110. — Les hôpitaux doivent être établis
dans des bâtiments complètement séparés et être
divisés en deux compartiments suffisamment aérés.

L'un de ces compartiments est affecté aux hommes
et aux enfants du sexe masculin âgés de plus de dix
ans ; l'autre est réservé aux femmes et aux enfants
des deux sexes âgés de moins de dix ans. Ils doivent
être parfaitement clos et couverts.

Ils doivent être aussi pourvus, autant que possible, d'une cuisine spéciale et d'une quantité d'eau
suffisante, et comprendre dans leur enceinte un préau
destiné à permettre aux malades de prendre l'air sans
sortir de l'hôpital.

Chaque établissement devra avoir une pharmacie
contenant les médicaments indiqués par le médecin
traitant.

Art. 111. — Chaque hôpital devra être pourvu,
indépendamment d'un lit de camp, d'un lit ordinaire
par vingt immigrants engagés.

Les lits seront en fer ou en bois. Ils devront
avoir, au minimum, 1 mètre 85 centimètres de lon-
gueur et 80 centimètres de largeur. Chacun sera garni

d'une paillasse, d'un traversin et d'une couverture de laine.

Art. 112. — Chaque hôpital devra avoir un infirmier exclusivement affecté à la tenue de l'hôpital et aux soins à donner aux malades.

Il sera adjoint à l'infirmier autant d'aides-infirmiers que l'hôpital contiendra de fois vingt lits occupés.

Si le compartiment réservé aux femmes et aux enfants âgés de moins dix ans comprend plus de vingt lits occupés, il devra être spécialement affecté à son service une infirmière à laquelle, en tant que de besoin, il sera adjoint des aides-infirmières dans la proportion susindiquée. L'infirmier et l'infirmière pourront être choisis parmi les engagés de l'établissement. Ils seront logés sur la propriété et à proximité de l'hôpital.

Art. 113. — Tout engagiste ayant à son service, sur la même propriété, vingt immigrants ou plus est tenu de justifier d'un abonnement avec un médecin pour les visites à faire à l'hôpital et les soins à donner aux malades. Les abonnements faits avec un médecin doivent stipuler au moins une visite par semaine, sans préjudice de celles que des circonstances extraordinaires rendraient nécessaires.

Art. 114. — Il est tenu dans chaque hôpital un registre portant :

1° Le nom de chaque malade ; 2° la date de son entrée ; 3° celle de sa sortie, avec indication en regard du nombre total des journées passées à l'hôpital ; 4° la nature de la maladie, les prescriptions et les observations du médecin.

Ce registre est visé à chaque visite par le médecin, ainsi que par le syndic dans ses tournées.

Art. 115. — Les agents de l'immigration pourront, sur l'avis du médecin de l'habitation, et lorsque les circonstances l'exigeront, requérir l'engagiste d'envoyer dans un hospice public les immigrants malades. Au cas où l'habitation n'est pas abonnée à un médecin, l'envoi de l'immigrant à l'hospice aura lieu sur l'avis d'un médecin requis, aux frais de l'engagiste, par l'agent de l'immigration.

A défaut par l'engagiste d'obtempérer à cette réquisition, il pourra y être procédé d'office.

Les indiens trouvés en désertion ou en vagabondage peuvent être, également si leur état l'exige, envoyés d'office à l'hospice par les soins du syndic, ou à son défaut par les soins du maire de la commune où ils auront été arrêtés, à moins que la propriété de leur engagiste connu ne soit plus proche que l'hospice le plus voisin.

Art. 116. — Dans le cas où les immigrants auront été admis d'office dans les hospices, sur la réquisition du service de l'immigration ou des maires, les frais de leur traitement seront à la charge de leurs engagistes, lesquels seront informés dans les vingt quatre heures, par lettres recommandées, de l'entrée de l'immigrant à l'hospice.

Si l'immigrant ainsi envoyé à l'hospice n'a pas profité, par sa faute, des soins qu'il aurait pu recevoir sur la propriété où il est engagé, les frais occasionnés par son séjour à l'hospice pourront être répétés sur son salaire.

Le recouvrement des frais de traitement, y compris ceux de recommandation des lettres d'avis, et tous autres, sera poursuivi par le comptable chargé de la perception des revenus de l'établissement. Au cas où ces poursuites demeureraient infructueuses, et sur la justification qui en serait faite, le montant desdits frais serait payé par la caisse d'immigration, sauf répétition ultérieure contre l'engagiste débiteur.

Le remboursement des sommes ainsi avancées sera poursuivi à la diligence du service de l'enregistrement, et par voie de contrainte, sur la transmission qui sera faite, au chef de ce service, d'ordres de recettes établis par le protecteur, conformément aux bordereaux du régisseur de l'hospice, et rendus exécutoires par le directeur de l'intérieur.

A défaut par un engagiste de payer les frais mentionnés au présent article, la résiliation du contrat de l'immigrant pourra être provoquée, comme il est dit à l'article 143, sans préjudice du droit qu'aura l'administration de prononcer, jusqu'au payement des sommes dues, la radiation de cet engagiste des listes de répartition à venir.

CHAPITRE VIII.

De l'absence et de ses effets.

Art. 117. — Tout immigrant engagé qui ne prend pas son travail ou qui l'abandonne après l'avoir commencé est en état d'absence.

L'absence est, suivant les cas, réputée légale ou illégale.

Art. 118. — L'absence légale est celle qui se produit.

1° Sur la demande de l'engagé et avec l'autorisation de l'engagiste ;

2° En cas de force majeure constatée par le syndic ;

3° Pour cause de maladie régulièrement constatée ;

4° Pour obéir aux ordres, citations aux mandements de la justice ;

5° Pour se rendre au syndicat, sur l'appel de syndic ;

6° Pour se rendre au syndicat, au consulat ou au parquet, y porter des plaintes ou des réclamations qui auront donné lieu à une action administrative ou judiciaire ;

Chaque journée d'absence légale entraine pour l'engagé la perte du salaire et des vivres de la journée, si l'engagé est dans le cas du 1er et du 4me paragraphe, et celle du salaire seulement s'il est dans le cas du 2e, du 3e, du 5e et du 6e paragraphe, à moins que dans ce dernier cas, il ne soit décidé par l'autorité administrative ou judiciaire que le salaire lui sera payé.

Chaque journée d'absence légale dans le cas du n° 1 du présent article peut entrainer, de plus, l'obligation de fournir une journée de travail, avec vivres et salaire, à l'expiration du contrat.

Art. 119. — L'absence illégale est celle qui se produit en dehors des conditions prévues pour l'absence légale.

Chaque journée d'absence illégale entraine pour l'engagé, outre la perte du salaire et des vivres de cette journée, l'obligation de fournir une journée de travail avec vivre et salaire à l'expiration du contrat, sans préjudice des pénalités édictées à l'art. 185 du présent décret.

Les retenues de salaire pour absences illégales sont arrêtées et réglés à la fin de chaque mois, sans qu'il soit permis de les reporter sur le mois suivant.

Art. 120. — Toute condamnation judiciaire prononcée contre l'engagé suspend l'exécution de son contrat, lequel ne reprend ses effets qu'à l'expiration de la peine encourue. Le contrat est, en ce cas, prolongé de droit pour une durée égale à celle de l'interruption résultant de la condamnation.

Cette disposition est, aussi, applicable pour une durée égale à celle de l'interruption résultant de maladies dues à l'ivrognerie ou à ses suites, et constatées par le registre de l'hôpital.

Art. 121. — Tout engagiste est tenu d'indiquer sur son livre contrôle, en regard du nom de chaque engagé absent, la nature de son absence, sa date et celle de la reprise de son travail.

Art. 122. — L'immigrant dont l'engagement est prolongé pour cause d'absence a, pendant cette prolongation, droit aux avantages et est tenu aux obligations stipulées dans son contrat.

Art. 123. — Tout immigrant qui s'absente pendant plus de huit jours et moins de vingt jours de chez son engagiste est réputé en état de désertion.

Tout engagiste dont l'engagé est en état de désertion est tenu d'en donner avis au syndic de sa circonscription, dans les dix jours au plus tard.

Celui-ci avise immédiatement la police et lui transmet le signalement du déserteur et toutes indications utiles.

Il est tenu dans chaque bureau de police un registre des communications faites par le syndic.

Art. 124. — Tout immigrant qui ne justifie pas d'un engagement régulier ou d'une dispense d'engagement est réputé être en état de vagabondage.

Est réputé également en état de vagabondage, tout immigrant qui, bien que régulièrement engagé, est en état de désertion et ne justifie pas d'un travail habituel depuis plus de vingt jours.

Art. 125. — Tout immigrant dont l'identité n'aura pu être établie par le syndic, sera envoyé soit au bureau d'arrondissement de la Pointe-à-Pitre, soit au bureau central de la Basse-Terre.

Si les recherches faites à l'un et à l'autre bureau demeurent infructueuses, l'immigrant sera placé dans un des dépôts de la colonie, et il sera procédé de nouveau pendant son séjour dans cet établissement, à toutes les recherches propres à établir son identité.

Art. 126. — Si, à l'expiration de l'enquête, l'identité de l'immigrant n'a pu être établie, il sera pourvu, par l'administration, à son placement chez un engagiste, aux conditions ordinaires des contrats d'engagement, après qu'il aura été immatriculé sur un registre spécial tenu au bureau central.

Pareille immatriculation sera faite sur les registres du syndic, et, si le placement a lieu dans l'arrondissement de la Pointe-à-Pitre, sur ceux du bureau d'arrondissement. L'engagement ainsi contracté sera de plein droit rompu, si le véritable engagiste de l'immigrant vient à le réclamer. Si l'identité de l'immigrant est établie avant son placement provisoire, il sera immédiatement remis à son engagiste.

Les mesures ci-dessus seront prises sans préjudice des poursuites qui pourront être exercées contre l'immigrant pour vagabondage.

Art. 127. — Dans le cas où, après un délai de trois mois, l'immigrant n'aurait pas contracté d'engagement, ou fait connaître son véritable nom, il serait inscrit sur la liste des individus à repatrier, en vertu d'une décision spéciale du gouverneur.

Art. 128. — Tout immigrant non autorisé à séjourner librement dans la colonie, et qui ne pourra justifier d'un engagement régulier, sera, sauf les cas mentionnés à l'article 78 et sans préjudice des poursuites pour vagabondage, s'il y a lieu, conduit au dépôt pour y rester jusqu'à ce qu'il ait contracté un engagement. La disposition de l'article 127 sera applicable aux immigrants placés dans la situation prévue au présent article.

CHAPITRE IX

Des immigrants demandant à être dispensés de rengagement, des permis de séjour qui peuvent leur être accordés.

Art. 129. — Tout immigrant qui, à l'expiration de son engagement, désirera obtenir l'autorisation de séjourner dans la colonie sans engagement, devra soumettre, à cet effet, requête au gouverneur et, à l'appui de cette requête, les pièces dont suit la désignation :

1° Un certificat du syndic constatant que l'autorisation demandée peut être accordée sans inconvénient, eu égard à la moralité et aux habitudes de travail de l'immigrant ;

2° Une attestation du maire de sa commune établissant qu'il possède de suffisants moyens d'existence, soit comme propriétaire, soit par son aptitude à l'exercice d'une industrie ou d'un travail manuel quelconque.

Ces pièces sont communiquées au protecteur, qui donne son avis, en exprimant si l'immigrant est libre ou non de tout engagement. Sur la proposition du directeur de l'intérieur, le gouverneur accorde ou refuse le permis de séjour demandé.

Art. 130. — Les permis de séjour sont temporaires ou illimités : Les permis temporaires ne peuvent

être accordés pour plus d'une année, ils sont renou-·
velables et peuvent, quand leur titulaire n'a subi
pendant leur durée aucune condamnation criminelle
ni aucune autre condamnation correctionnelle entrai-
nant la peine de l'emprisonnement, être transformés,
par décision du gouverneur, sur le rapport du directeur de l'intérieur, en permis illimités.

Art. 131. — Les permis de séjour, soit temporaires,
soit illimités peuvent toujours être revoqués par le
gouverneur.

Art. 132. — Les permis de séjour temporaires ou
illimités entrainent de droit, pour leurs titulaires, la
dispense de l'obligation de l'engagement.

La même dispense s'étend de droit à la femme et
aux enfanfs mineurs légitimes ou reconnus de l'immigrant ainsi autorisé à séjourner librement dans la
colonie.

Art. 133. — Tout immigrant admis à séjourner
dans la colonie dans les conditions indiquées aux
articles ci-dessus, cesse pendant tout le temps de la
durée de cette autorisation d'être soumis à l'application des réglements relatifs en patronage des immigrants. Les contrats quelconques qu'il peut passer
dans cette situation sont considérés comme actes de
droit commun.

CHAPITRE X

Des dépôts coloniaux.

Art. 134. — Il est établi, dans chacune des villes
de la Basse-Terre et de la Pointe-à-Pitre, un dépôt
colonial des immigrants.

Ces dépôts sont destinés à recevoir :

1° Les immigrants à leur arrivée dans la colonie,
du jour de leur débarquement jusqu'à celui de leur
remise à leurs engagistes ;

2° Les immigrants à repatrier, et qui se trouvent
sur le point de leur départ ;

3° Les individus dont le maintien à la disposition
du service de l'immigration ou de l'autorité judiciaire
est nécessaire à l'instruction d'une plainte ou d'une
réclamation ;

4° Les immigrants dont les contrats ont été rési-
liés pour une cause quelconque, et qui n'ont pas été
placés chez un nouvel engagiste ;

5° Ceux dont une décision du gouverneur a ordonné le repatriement d'office, par mesure de haute
police ;

6° Les immigrants qui sont arrêtés en état de désertion ou de vagabondage, lorsque, n'étant pas ou n'étant plus sous la main de la justice, ils ne peuvent cependant, pour une cause quelconque, être remis immédiatement à leurs engagistes ;

7° Les immigrants dont l'identité ne peut être établi.

Art. 135. — Les dépôts coloniaux sont divisés en deux quartiers séparés : le premier est affecté aux hommes et aux enfants du sexe masculin âgés de plus de dix ans, le second aux femmes et aux enfants des deux sexes âgés de moins de dix ans.

Un compartiment spécial, divisé également en deux quartiers, est affecté, au dépôt de la Pointe-à-Pitre, aux individus appartenant aux deux premières des catégories désignées ci-dessus.

Art. 136. — Les immigrants au dépôt auront droit aux prestations en nature, déterminées par le présent arrêté.

Art. 137. — Sauf en ce qui concerne les individus appartenant à la première des catégories mentionnées à l'article 134 et qui sont introduits par des particuliers responsables de tous les frais de leur introduction, les dépenses occasionnées par le séjour des immigrants aux dépôts sont à la charge de la caisse d'immigration.

Art. 138. — Les immigrants de la première catégorie ne sont pas astreints au travail. Ceux des autres catégories sont employés à des travaux d'utilité coloniale ou communale.

Il leur est alloué un salaire de 25 centimes par journée de travail, payé au compte du service employeur.

Les immigrants appartenant aux trois dernières catégories ne peuvent être employés à des travaux extérieurs ; ceux de la cinquième catégorie pourront être transférés dans un dépôt situé dans une des dépendances de la colonie, auquel cas la restriction qui précède demeurera sans effet à leur égard.

Les immigrants invalides ou malades sont dispensés du travail ; ils reçoivent les soins médicaux.

Art. 139. — Les dépôts coloniaux seront ouverts tous les jours, de huit heures à cinq heures, aux personnes qui se présenteront munies d'un permis de l'agent de l'immigration chargé spécialement de la surveillance de l'établissement ou du syndic du lieu du dépôt.

Art. 140. — Un règlement spécial, établi par le directeur de l'intérieur, et approuvé par le gouverneur, déterminera, pour tout ce qui concerne la discipline et l'exécution des différents détails du service, les conditions du fonctionnement intérieur des dépôts coloniaux.

CHAPITRE XI

Du syndicat protecteur, des actions judiciaires relatives aux intérêts civils des immigrants, de la résiliation d'office des contrats en cas d'inexécution des obligations de l'engagiste.

Art. 141. — Conformément à l'article 36 du décret du 27 mars 1852, un syndicat protecteur des immigrants est créé au chef-lieu de chaque arrondissement. Ce syndicat est composé : du procureur de la République ou d'un de ses substituts, président; d'un avocat ou d'un avoué désigné chaque année par la cour, et d'un conseiller général désigné par le Conseil.

Le syndicat peut appeler dans son sein un interprète, qui a voix consultative.

Art. 142. — Le syndicat est chargé de diriger les immigrants pour tout ce qui touche à l'exercice des actions judiciaires qu'ils auraient à intenter ou à soutenir et ayant trait à leur condition d'engagé. Il a seul qualité, par lui-même, ou par les syndics cantonaux, ses délégués, pour ester en justice dans l'intérêt des immigrants.

Art. 143. — Le syndicat, sur l'avis motivé du protecteur des immigrants, approuvé par le directeur de l'intérieur, peut poursuivre d'office, devant les tribunaux, la résiliation des engagements, dans le cas où l'engagisté aurait été condamné pour mauvais traitements envers ses immigrants, et lorsque les conditions légales de salubrité et d'hygiène et celles sous lesquelles l'engagement a été contracté ne sont pas observées à l'égard desdits immigrants. La demande en résiliation sera précédée d'une notification adressée par le protecteur des immigrants à l'engagiste, pour le mettre en demeure, soit de remplir ses obligations avant l'expiration d'un délai déterminé, soit de céder son contrat avant l'expiration du même délai dans les conditions prévues en l'article 67.

Art. 144. — Le syndicat d'arrondissement reçoit, par l'intermédiaire et les soins des syndics cantonaux et des agents supérieurs de l'immigration, toute plainte ou réclamation des immigrants pouvant aboutir à une action judiciaire.

Le syndicat, après avoir appelé l'engagiste à fournir ses explications, décide s'il y a lieu, dans l'intérêt de l'immigrant, d'introduire une action devant l'une des juridictions de la colonie auquel cas, il se constitue seul pour lui ; à titre de mandataire légal, d'après les termes de l'article 36 du décret du 27 mars 1852 ; le syndicat, selon les cas, suit lui-même ou fait suivre l'affaire par le syndic cantonal. Toutefois, le syndic, avec l'autorisation du procureur de la République et en cas d'urgence manifeste, peut porter directement devant les juges de paix les actions qui sont de la compétence de ces magistrats ; le tout sous réserve des dispositions des articles 7, 68 et 101 du présent décret.

Art. 145. — Toutes les décision prises conformément à l'article précédent, par le syndicat, sont notifiées par le procureur de la République au protecteur, qui en surveille l'exécution, en tant que cette exécution soit confiée aux syndic.

Lesdites décisions pourront être déférées par le directeur de l'intérieur au gouverneur, statuant en conseil privé. En cas de réformation, l'affaire sera saisie par le syndic cantonal, qui exercera tous les droits et pouvoirs conférés au syndicat protecteur.

Art. 146 — Chaque trimestre, le président du syndicat adresse, au directeur de l'intérieur et au procureur général, un rapport faisant connaître le nombre, la nature et le résultat des affaires conciliées ou jugées par les soins du syndicat.

Art. 147. — Les immigrants qui justifient d'un engagement dans les formes réglementaires, ou qui sont régulièrement en expectative de rapatriement, jouissent, pendant toute la durée de leur séjour dans la colonie, du bénéfice de l'assistance judiciaire.

Ils jouissent également, dans la même situation, du bénéfice de la loi du 10 décembre 1850 sur les mariages d'indigents.

Art. 148. — Indépendamment de l'action en résiliation mentionnée en l'article 143, le gouverneur, en conseil privé, pourra prononcer le retrait, en totalité ou en partie, des immigrants attachés au service de tout engagiste contre lequel il aura été prononcé, soit une condamnation criminelle, soit, dans le cours de la même année, au moins deux condamnations exédant les peines de simple police, pour mauvais traitements envers ses engagés, ou deux condamnations civiles pour inexécution des obligations résultant des contrats, ou qui aura commis les délits définis par les articles 168 et 175 du présent décret.

La même mesure pourra être appliquée contre tout engagiste qui conserverait à son service un agent qui se trouverait dans un des cas indiqués ci-dessus.

Le gouverneur peut également prononcer en conseil privé le retrait des immigrants, de toute propriété sur laquelle les dispositions relatives à l'organisation de l'hôpital ou de l'infirmerie et à l'abonnement avec le médecin ne seraient pas exécutées dans les conditions déterminées aux articles 109 et suivants.

L'exercice du droit de retrait est subordonné aux conditions suivantes :

1° Avant de se prononcer sur le retrait des engagés, le gouverneur fera mettre l'engagiste en demeure de fournir par écrit, dans un délai de quinze jours, les raisons qu'il aura à faire valoir contre cette mesure ; il s'assurera, d'autre part, que l'engagiste a reçu la mise en demeure mentionnée en l'article 143.

2° L'ordre de retrait sera révoqué sur la demande de toute personne intéressée, si, avant sa mise à exécution, ou à ce moment même, l'engagiste a cessé d'habiter et de gérer la propriété sur laquelle se trouvent les Indiens.

3° Les immigrants dont le retrait aura été prononcé seront provisoirement laissés ou réintégrés sur la propriété, si, avant que l'administration n'en ait définitivement disposé, un créancier quelconque de l'engagiste justifie qu'il est en mesure de faire mettre la propriété en séquestre, dans un délai jugé suffisamment rapproché, par le gouverneur.

Art. 149. — Le gouverneur en conseil privé pourra aussi donner ordre qu'aucun contrat d'engagement ou de rengagement ne soit passé avec l'engagiste qui se trouvera placé dans un des cas indiqués à l'article précédent.

Art. 150. — Dans les cas mentionnés aux deux articles précédents, la mesure prise contre l'engagiste pourra toujours être rapportée en conseil privé, s'il est démontré, suivant les cas, que les faits qui ont donné lieu à cette mesure ont cessé d'exister ou ne se produiront plus.

Toutefois, cette faculté ne s'applique pas au cas où l'administration aurait définitivement disposé des immigrants retirés.

Art. 151. — Le retrait des immigrants d'une propriété se fera, dans tous les cas, sans que l'administration soit tenue d'aucune indemnité vis-à-vis de l'engagiste. Il sera procédé, à l'égard des immigrants, suivant le mode indiqué à l'article 82.

Chapitre XII

Des actes de l'état civil concernant les immigrants.
De leurs successions.

Art. 152. — Les officiers de l'état civil devront faire mention, dans les actes de naissance, du numéro de matricule général du père et de la mère de l'enfant, s'il s'agit d'un enfant légitime; de la mère ou du père, s'il s'agit d'un enfant reconnu par l'un ou par l'autre; de la mère, s'il s'agit d'un enfant naturel dont la mère soit déclarée.

Ils devront également faire mention dans les actes de mariage et de décès, du numéro de matricule générale des époux ou de l'immigrant décédé.

Art. 153. — Dans les vingt-quatre heures de toute déclaration faite à la mairie, le secrétaire municipal sera tenu de donner avis au syndic de chaque naissance et de chaque décès survenus dans l'effectif des immigrants de la commune. Cet avis devra contenir l'indication du nom et de la propriété de l'engagiste, le numéro de matricule générale du décédé, et s'il s'agit d'une naissance, les noms et les numéros matriculaires soit des père et mère de l'enfant, soit de la mère seulement, suivant que l'enfant est ou non légitime ou reconnu.

Art. 154. — Aussitôt après le décès d'un immigrant, le syndic de sa résidence se fera remettre l'extrait du livre contrôle de l'engagiste en ce qui le concerne, établira sa situation financière, et se fera verser contre décharge les gages qui pourront lui être dus.

Art. 155. — Si les objets mobiliers et effets trouvés en la possession d'un défunt ont une valeur moindre de 200 francs, le syndic le vendra immédiatement sur l'habitation.

Il adressera au bureau central de l'immigration le produit de la vente, en le faisant suivre d'un bordereau, d'un inventaire des objets vendus et d'un procès-verbal de vente.

Les sommes ainsi obtenues seront remises par le bureau central aux héritiers du défunt, ou, à défaut d'héritiers, versées au curateur aux biens vacants.

Ces diverses opérations seront constatées sur un registre *ad hoc* tenu au bureau central, et mentionnées sommairement sur le matricule générale.

Si l'immigrant décédé possédait des objets mobiliers ou des effets d'une valeur supérieure à 200 francs, le syndic provoquerait les mesures conservatoires prescrites par la loi, et en cas de vacance, il requerrait immédiatemement l'intervention du curateur de l'arrondissement.

Chapitre XIII
Du repatriement.

Art. 156. — Les travailleurs immigrants ont droit à leur repatriement gratuit à l'expiration de leur engagement ou réengagement.

L'administration a toujours la faculté de repatrier d'office les engagés dans l'intérêt de l'ordre public, et sans indemnité pour l'engagiste.

Le repatriement d'office ne peut être ordonné que par décision spéciale du gouverneur.

Art. 157. — Le droit de l'immigrant au repatriement gratuit s'étend à sa femme et à ses enfants ayant eu moins de dix ans au moment de leur départ de l'Inde et à ceux qui sont nés dans la colonie.

Art. 158. — L'immigrant qui obtient une dispense d'engagement renonce, par ce seul fait, à tout droit au repatriement gratuit, tant pour lui que pour sa femme et pour ses enfants introduits dans les conditions de l'article précédent.

Il ne recouvre le droit au repatriement, tant pour lui que pour sa femme et ses enfants, qu'après l'accomplissement d'un nouvel engagement.

Art. 159. — L'immigrant dont le contrat d'engagement est expiré, et qui a opté pour son repatriement, est immédiatement mis à la disposition du protecteur des immigrants, qui, suivant le cas, le maintient chez son ancien engagiste ou, à défaut de celui-ci, l'autorise, dans les conditions indiquées à l'article 77, à travailler chez un autre engagiste jusqu'au jour où avis lui est donné de se rendre au dépôt colonial pour y attendre l'accomplissement des formalités qui précèdent son embarquement. Le protecteur peut aussi, suivant les cas, ordonner son entrée immédiate au dépôt.

Art. 160. — Les immigrants exclus de la colonie par le gouverneur par mesure d'ordre public sont placés au dépôt colonial jusqu'au moment de leur embarquement. Ils peuvent, par décision du gouverneur, être dirigés sur un dépôt spécial situé dans une des dépendances de la colonie.

Art. 161. — Les immigrants parvenus au terme de leur engagement ou expulsés par mesure de police ou pour cause d'invalidité incurable sont repatriés au frais de la caisse d'immigration.

Art. 162. — Lorsqu'un navire susceptible de prendre à son bord des immigrants à repatrier sera sur le point de quitter la colonie, le protecteur des immigrants en donnera avis aux syndics : ceux-ci préviendront les immigrants ayant droit au repatriement, ainsi que leurs engagistes, dix jours au moins avant l'ordre de départ pour le port d'embarquement.

Les immigrants laissés chez des engagistes en expectative de départ doivent être rendus au dépôt colonial trois jours au moins avant le départ du navire.

Art. 163. — Avant le départ, le protecteur des immigrants ou son délégué, assisté du médecin du navire en partance ou d'un médecin désigné par le chef du service de santé, passe l'inspection des individus composant le convoi et ajourne le départ de ceux qui, se trouvant malades, ne seraient pas en état de supporter le voyage.

Après l'embarquement, il fait établir la liste des immigrants embarqués en autant d'expéditions qu'il est nécessaire, avec mention spéciale du nom du convoi dont faisait partie chaque immigrant à son arrivée dans la colonie, et indication des individus expédiés aux frais de la caisse d'immigration. Une de ces expéditions, certifiée par lui, est remise au capitaine du navire pour être annexée au rôle d'équipage. Cette expédition contient toutes les indications utiles relatives aux immigrants.

Après le départ du navire, il adresse au directeur de l'intérieur pour être transmis au gouverneur et au ministère de la marine et des colonies, un rapport détaillé sur les différentes circonstances de l'opération.

Art. 164. — Aucun navire affecté au transport des immigrants ne peut être expédié de la colonie, s'il n'est préalablement constaté par le protecteur ou son délégué, que les formalités prescrites par les articles

19, 26, 27 et 32 du décret du 27 mars 1852 ont été remplis.

Tout navire chargé d'un transport d'immigrants devra subir, en outre, avant son départ, la visite d'une commission composée comme suit :

Le commissaire de l'inscription maritime ;

Le chef d'arrondissement de l'immigration au port d'embarquement ;

L'officier de port du lieu du départ ;

Un médecin désigné par le chef du service de santé ;

Un expert maritime juré, désigné par le président du tribunal.

Cette commission est présidée par le commissaire de l'inscription maritime.

Elle est chargée spécialement de contrôler la bonne appropriation du navire, au point de vue de l'exécution des règlements spéciaux de l'immigration. Une expédition de son procès-verbal est remise au protecteur avant le départ.

Art. 165. — Les immigrants qui ont à pourvoir eux-mêmes à leur rapatriement ne peuvent être reçus dans les convois expédiés par le gouvernement local que lorsque le nombre de passagers embarqués aux frais de la caisse d'immigration est inférieur à celui qui est déterminé par le décret du 27 mars 1852,

Le fonctionnaire de l'immigration intervient dans ce cas toutes les fois que les immigrants le requièrent, à l'effet de stipuler et contracter en leur nom avec les capitaines ou armateurs pour leur passage de rapatriement.

CHAPITRE XIV

Des infractions au présent décret.

Art. 166. — Sont réputés délits et déférés aux tribunaux correctionnels les faits prévus dans les articles suivants :

Art. 167. — Tout immigrant qui ne justifiera pas d'un engagement régulier ou d'une dispense d'engagement,

Ou qui, étant régulièrement engagé, sera en état de désertion de chez son engagiste et ne se livrera pas à un travail habituel depuis plus de vingt jours,

Sera réputé en état de vagabondage, et passible, conformément aux dispositions du code pénal, d'un emprisonnement de trois mois à six mois.

Art. 168. — Lorsqu'un engagement aura été concerté entre deux parties sans intention sérieuse de s'obliger et en vue de s'assurer frauduleusement les avantages attachés par la loi au contrat d'engagement, les parties contractantes seront punies : l'engagé d'un emprisonnement d'un mois à un an, et l'engagiste, outre l'emprisonnement, d'une amende de 100 à 500 francs. L'engagement sera nul.

Art. 169. — Quiconque par violences, voies de fait, menaces, manœuvres frauduleuses, dons ou promesses, aura déterminé des gens de travail à abandonner, pendant le cours de leur engagement, l'exploitation ou l'atelier auquel ils sont attachés, sera puni d'un emprisonnement d'un mois au moins à deux ans au plus, et pourra être condamné, en outre, à une amende de 100 à 500 francs.

Art. 170. — Tout immigrant qui se sera introduit dans une habitation ou dans un atelier, contrairement à la volonté du propriétaire, de son représentant ou du chef d'atelier, et aura refusé d'obtempérer à l'injonction de se retirer, sera puni d'une amende de 16 francs à 100 francs.

La peine sera, en outre, d'un emprisonnement de six à quinze jours, si le coupable se trouve dans un des cas suivants :

1° S'il était porteur d'armes ;

2° S'il a adressé des injures au propriétaire, à sa famille ou à ses préposés ;

3° S'il a provoqué au désordre ou à l'abandon du travail.

L'amende sera de 100 à 300 francs et l'emprisonnement de seize jours à deux ans :

1° Si l'introduction a eu lieu en réunion de plusieurs personnes ;

2° S'il a été fait menace de se servir d'armes ;

3° Ou si les provocations au désordre ont été suivies d'effet.

Le tout sans préjudice des peines plus graves qui, en raison des circonstances du fait, seraient prononcées par le code pénal.

Art. 171. — Tout obstacle apporté, par un engagiste, par ses représentants ou employés, aux visites, aux vérifications et inspections prévues par le présent décret, sera puni d'une amende de 25 à 300 francs, sans préjudice des peines plus graves édictées par le code pénal, à raison des circonstances du fait.

Art. 172. — Tout immigrant qui se sera fait délivrer, soit en donnant un faux nom, soit à l'aide de toute autre manœuvre frauduleuse, un livret, un permis de séjour ou une autorisation de circuler hors de sa circonscription, et en aura fait usage, sera puni d'un emprisonnement de quinze jours à un an.

Sera puni des mêmes peines :

1° Tout individu qui aura aidé l'immigrant à obtenir ou à se faire remettre les pièces énoncées ci-dessus ou les lui aura procurées ;

2° Tout immigrant qui aura fait usage d'une des dites pièces délivrées à un autre que lui.

Art. 173. — Tout capitaine, maître ou patron de navire introducteur d'immigrants qui a laissé descendre à terre un immigrant avant d'y avoir été autorisé par le protecteur des immigrants ou son représentant, est puni d'une amende de 25 à 100 francs par chaque individu débarqué. Il peut, en outre, être condamné à un emprisonnement de six à quinze jours.

Art. 174. — Tout immigrant qui, à l'occasion de faits ayant trait à sa condition d'engagé, aura porté de mauvaise foi contre son engagiste, soit directement, soit par l'intermédiaire d'une autorité étrangère, une plainte qui, après information judiciaire ou enquête administrative, aura été reconnue fausse ou mal fondée, sera puni d'un emprisonnement de six jours à un mois et d'une amende de 16 à 25 francs, ou de l'une de ces deux peines seulement.

La même peine est encourue par tout engagiste qui, dans les mêmes conditions, porte contre son engagé une plainte reconnue fausse ou mal fondée.

Art. 175. — Quiconque aura engagé ou employé sciemment à son service les immigrants qui ne sont pas libres de tout engagement, sera puni d'une amende de 16 à 100 francs et d'un emprisonnement de 5 à 15 jours.

Le maximum de chacune de ces deux peines sera toujours prononcé en cas de récidive.

Tous les officiers de police judiciaire et spécialement les commissaires de police sont chargés de rechercher les infractions définies au présent article et d'en poursuivre la répression.

Art. 176. — Sont qualifiés contraventions et poursuivis devant les tribunaux de simple police les faits prévus par les articles suivants :

Art. 177. — Sera puni d'une amende de 1 à 15 francs toute personne qui aura employé, sans engagement régulier, ou sans permission pouvant en tenir lieu, un immigrant non autorisé à séjourner librement dans la colonie. L'immigrant pourra lui être retiré.

Art. 178. — Tout engagiste ou son représentant qui ne se conformera pas aux prescriptions du présent décret en ce qui touche l'établissement, l'installation et la tenue des hôpitaux, leur approvisionnement en médicaments, l'abonnement avec un médecin et les soins médicaux à donner aux engagés sera passible d'une amende de 16 à 100 francs.

Le maximum de la peine sera toujours prononcé en cas de récidive.

Art. 179. — Tout engagiste ou son représentant qui, mis en demeure par le protecteur des immigrants ou le représentant de celui-ci, conformément aux dispositions des articles 84 et 85, de fournir à ses engagés un logement convenable, ne se sera pas mis en règle dans le délai qui lui a été assigné, sera puni d'une amende de 16 à 100 francs, et du maximum de la peine en cas de récidive.

Art. 180. — Tout engagiste ou son représentant qui ne se sera pas conformé aux prescriptions du présent décret et aux stipulations du contrat d'engagement, en ce qui touche la qualité et la quantité des rations, la fourniture des rechanges, le payement des salaires, la durée du travail et les journées de repos, et qui persistera, après avoir été averti officiellement par le protecteur des immigrants ou son représentant, à ne pas s'y conformer, sera puni d'une amende de 16 à 100 francs, indépendamment de la condamnation civile qui peut être prononcée contre lui par application des articles 100 et 101 du présent décret.

En cas de récidive le maximum de la peine est toujours appliqué.

Art. 181. — 1° Tout engagiste ou son représentant qui n'aura pas arrêté, dans les huit premiers jours de chaque mois, le livret de son engagé, sans que le défaut d'accomplissement de cette formalité puisse être atribué à l'immigrant ;

2° Tout engagiste ou son représentant qui aura inscrit sur le livret de son engagé des constatations inexactes ou des mentions interdites par l'article 48 du présent décret ;

3° Tout engagiste ou son représentant qui aura retenu le livret d'un immigrant, contrairement à la volonté de ce dernier ;

4° Tout engagiste ou son représentant qui dans les quinze jours qui suivent la fin de l'engagement d'un de ses engagés, n'aura pas adressé au syndic de sa circonscription l'avis et la déclaration exigés par le § 1er de l'article 68 ;

5° Tout engagiste ou son représentant qui, ne tiendra pas ou tiendra d'une manière incomplète le registre de contrôle prescrit par l'article 52, ou qui ne le représentera pas à chaque réquisition aux agents de l'immigration ;

6e Tout engagiste ou son représentant qui ne tiendra pas ou tiendra d'une manière incomplète le registre d'hôpital prescrit par l'article 114 ;

7e Tout engagiste ou son représentant qui n'aura pas donné, dans les dix jours de l'absence au plus tard, au syndic de sa circonscription, l'avis de désertion prescrit par l'article 123 § 3,

Sera puni d'une amende de 5 à 15 francs.

Art. 182. — Tout fait tendant à troubler l'ordre ou le travail dans les ateliers, chantiers, fabriques ou magasins ; tout manquement grave des ouvriers ou travailleurs envers ceux qui les emploient, ou de ces derniers envers ceux qu'ils emploient, sera puni d'une amende de 5 à 25 francs, sans préjudices des peines plus fortes encourues en raison des circonstances du fait.

Art. 183. — Tout immigrant qui aura été en état d'absence illégale depuis plus de huit et depuis moins de vingt jours, sera réputé en état de désertion et sera puni d'une amende de 5 à 25 francs, et, en outre, en cas de récidive, d'un emprisonnement d'un à cinq jours.

Si la désertion se prolonge au delà de vingt jours l'Indien justifiant néanmoins d'un travail habituel, il sera puni d'une amende de 25 à 100 francs, solidairement avec l'engagiste qui l'aura employé.

Art. 184. — Tout immigrant qui, aux termes de l'article 119 du présent décret, aura été en état d'absence illégale pendant trois jours au moins et huit jours au plus, dans le cours de trois mois, sera puni d'une amende de 5 à 15 francs, et en outre, en cas de récidive d'un emprisonnement d'un à cinq jours.

Art. 186. — Les dispositions de l'article 463 du code pénal sont toujours applicables aux délits et contraventions de police prévus par le présent décret.

CHAPITRE XV

Dispositions relatives aux condamnations prononcées contre les immigrants.

Art. 186. — Les greffiers de la cour d'appel, des cours d'assises et des tribunaux correctionnels sont tenus, dans les dix jours du prononcé de tout arrêt ou jugement de condamnation rendu contre un immigrant, de délivrer au protecteur des immigrants un bulletin de condamnation dans la forme des bulletins n° 2 prescrits par la circulaire du garde des sceaux du 6 novembre 1850.

Il leur est alloué, par chaque bulletin fourni et sur la production d'un état visé par le protecteur des immigrants, un droit de 25 centimes.

Les greffiers des tribunaux de simple police sont tenus d'adresser au protecteur des immigrants, du 1er au 5 de chaque mois, le relevé des condamnations prononcées pendant le mois précédent contre les immigrants.

Il est alloué au greffier, pour chacun des articles qui y sont portés, un droit de 10 centimes.

Les allocations ci-dessus sont prélevées sur les fonds de la caisse d'immigration.

Art. 187. — Il est établi au bureau central de l'immigration, au moyen des extraits et des états délivrés par les greffiers au protecteur des immigrants, un casier dit : « *Casier de renseignements.* »

Toutes les condamnations prononcées contre les immigrants sont portées à la matricule générale du chef-lieu, et avis en est donné par les soins du bureau central au syndic du lieu de leur résidence.

Le syndic les mentionne sur sa matricule syndicale.

Les condamnations prononcées contre les immigrants ne doivent pas être portées sur les livrets ; communication peut en être donnée par le syndic aux personnes qui désirent passer avec eux des contrats de service.